Anne-Kristin zur Brügge, geboren 1983 in einem kleinen Dorf bei Oldenburg, arbeitet seit ihrem Studium der Germanistik und Kulturwissenschaft als Lektorin in einem Hamburger Kinderbuchverlag und greift auch gern mal selbst zur Feder. Am liebsten kuschelt sie vor dem Einschlafen mit ihrem Mann und ihren Kindern, und am Wochenende darf sie ab und zu auch mal ein bisschen länger im Bett bleiben.

Marina Rachner, 1971 in Hamburg geboren, studierte an der Fachhochschule für Gestaltung in Hamburg mit dem Schwerpunkt Kinderbuchillustration. Seither arbeitet sie freiberuflich als Illustratorin für verschiedene Verlage.

MIX
Papier aus verantwortungsvollen Quellen
FSC® C002795

1. Auflage

Erweiterte Neuausgabe des erstmals 2013 im
Verlag Friedrich Oetinger erschienenen gleichnamigen Pappbilderbuchs

Druck und Bindung: SIA Livonia Print,
Ventspils iela 50, LV-1002, Riga, Lettland
Printed 2021
ISBN 978-3-7512-0086-8

www.oetinger.de

Marina Rachner · Anne-Kristin zur Brügge

Wie kleine Tiere schlafen gehen

Verlag Friedrich Oetinger · Hamburg

Wie sagt der Löwe Gute Nacht?
Er streicht dem Löwenkind ganz sacht
mit seiner Pfote übers Fell.
»Äuglein zu, dann schläfst du schnell!«

Die Maus sucht einen schönen Platz
für ihren kleinen Mäuseschatz.
Sie singt ihm noch ein Schlaflied vor
und krault der kleinen Maus das Ohr.

Der Affe zupft noch einen Floh
vom winzig kleinen Affenpo
und gibt dem Äffchen einen Schmatz:
»Nun schlaf recht schön, mein kleiner Schatz!«

Die Eule hält ihr Küken fest
im kuschlig weichen Eulennest.
»Ich hab dich lieb. SCHUHU, SCHUHU!«
Und schon macht es die Augen zu.

Der Hummer reibt mit seiner Zange
dem Hummerbaby sanft die Wange.
Er glättet noch den Meeressand:
»Ab mit dir ins Träumeland!«

Der Bär, der schmiert dem Bärchen zart
noch etwas Honig um den Bart
und brummt dann leise: »Gute Nacht!«
Denn jetzt wird Winterschlaf gemacht.

Der Kater reibt mit seiner Tatze
den Kullerbauch der kleinen Katze.
Leise schnurrend schläft sie ein
und kuschelt sich an Papas Bein.

Die Igelmutter deckt im Nu
das Igelkind mit Blättern zu
und stupst es mit der Nase an,
damit es besser schlafen kann.

Der Hund schleckt zärtlich mit der Zunge
und kitzelt so das kleine Junge,
vom Wuschelkopf bis zu den Zehen,
so kann das Hündchen schlafen gehen.

Der Fuchs umarmt mit seinem Schwanz
das kleine Fuchskind voll und ganz:
»So bist du kuschlig zugedeckt,
bis dich der Morgen wieder weckt.«

Das Nilpferd taucht ins kühle Wasser
und spritzt das Nilpferdkind noch nasser.
Es flüstert leis: Ich liebe dich!
Dann schlafen beide, dicht an dicht.

So sagen Tiere Gute Nacht.
Und wie wird das bei uns gemacht?

Sanft streiche ich dir übers Fell
und kraul das Öhrchen noch mal schnell.
Ich zupf dir einen Floh vom Po,
halt dich ganz fest. Und das geht so.
Ich streichle deine Wange zart,
und schmier dir Honig um den Bart.
Ich reib dir deinen Kullerbauch
und einen Nasenstups gibt´s auch.
Ich kitzel dich an Arm und Bein
und deck dich zu, pack dich gut ein.
Ich flüster leis: »Ich liebe dich.
Weil du das Größte bist für mich!«

Und was kommt nun zum guten Schluss?
Ein Schmuse-Kuschel-Einschlaf-Kuss.

Gute Nacht!